Tartines & croque-monsieur

Recettes et photographies
de Jean-François Mallet

Albums
LAROUSSE

Sommaire

CROQUES CROUSTILLANTS

TARTINES FONDANTES

SANDWICHS TOUT CHAUDS

Tout le monde apprécie le croque-monsieur, ce sandwich chaud fondant et croquant à la fois. Il devient croque-madame quand on le sert avec un œuf sur le plat à cheval, comme dans cette recette originale.

Croque-madame tomate et basilic

PRÉPARATION : 10 MIN

CUISSON : 15 MIN

POUR 4 PERSONNES

> 1 botte de basilic
> 2 grosses tomates
> 200 g de fromage râpé
> 20 cl de crème liquide
> 8 tranches de pain de mie
> 4 tranches de jambon de Paris
> 50 g de beurre
> 4 œufs
> sel et poivre du moulin

Préchauffez le four à 180 °C (therm. 6).

Lavez et effeuillez le basilic puis hachez-le grossièrement. Lavez et équeutez les tomates puis taillez-les en tranches fines. Mélangez le fromage râpé avec la crème liquide.

Déposez 4 tranches de pain de mie sur une grande plaque de four (ou dans la lèchefrite). Recouvrez chaque tranche de pain d'une tranche de jambon pliée en deux et de 3 tranches de tomate. Saupoudrez de basilic haché, ajoutez un peu de fromage râpé à la crème, salez et poivrez.

Recouvrez d'une tranche de pain pour former quatre sandwichs. Terminez par une couche de fromage râpé à la crème et enfournez pour 15 minutes. Quand les croques sont bien gratinés, sortez-les du four et réservez-les au chaud.

Dans une poêle, faites fondre le beurre, cassez les 4 œufs, puis laissez cuire à votre goût. Détachez les œufs un par un, puis posez-les sur le dessus des croques. Dégustez bien chaud avec une salade.

Variante : Remplacez le jambon blanc par du jambon cru.

L'association du roquefort et des noix est classique, mais tellement délicieuse ! Pour un croque plus économique, remplacez le roquefort par de la fourme d'Ambert ou du bleu de Bresse.

Croques jambon, roquefort et noix

PRÉPARATION : 5 MIN

CUISSON : 10 MIN

POUR 4 PERSONNES

> 100 g de beurre mou
> 150 g de roquefort
> 10 cerneaux de noix
> 8 tranches de brioche
> 4 tranches de jambon de Paris

Mélangez 60 g de beurre avec le roquefort, écrasez bien le tout avec une fourchette. Concassez les cerneaux de noix dans un mortier. Mélangez ce beurre de roquefort avec les noix hachées.

Beurrez d'un seul côté les 8 tranches de brioche. Déposez une tranche de jambon pliée en deux sur les faces non beurrées de 4 tranches de brioche. Répartissez le beurre de roquefort aux noix sur le jambon. Refermez les croques avec une deuxième tranche de brioche, le côté beurré à l'extérieur.

Chauffez la machine à croque-monsieur. Déposez les croques deux par deux dedans, fermez la machine et laissez cuire pendant 5 minutes. Quand ces croques sont bien dorés, recommencez l'opération avec les deux autres.

Dégustez les croques bien chauds et croustillants accompagnés d'une salade frisée assaisonnée d'huile de noix.

Ces croques croustillent et fondent à la fois ! Ils constituent un savoureuse alternative au croque-monsieur classique. Vous pouvez remplacer la coppa par du jambon de montagne ou du bacon.

Croques coppa, trois fromages et roquette

PRÉPARATION : 5 MIN

CUISSON : 6 À 8 MIN

POUR 4 PERSONNES

- > 80 g de roquette
- > 1 boule de mozzarella
- > 8 petits pains à l'italienne « ciabattina » (frais ou surgelés) ou 8 petits pains de campagne individuels
- > 8 cuill. à café d'huile d'olive
- > 8 tranches de coppa
- > 100 g de ricotta
- > 100 g de fromage râpé
- > sel et poivre du moulin

Préchauffez le four à 180 °C (therm. 6).

Lavez, égouttez et séchez la roquette. Découpez la mozzarella en huit tranches.

Ouvrez les petits pains. Badigeonnez l'intérieur d'huile d'olive, salez et poivrez. Glissez dans chaque pain 1 tranche de coppa, 1 tranche de mozzarella et 1 poignée de feuilles de roquette. Ajoutez 1 cuillerée de ricotta et du fromage râpé. Pressez fortement pour maintenir le sandwich, en le fixant avec une pique en bois, si nécessaire. Disposez les croques dans un plat à gratin.

Enfournez les croques de 6 à 8 minutes. Quand le pain est croustillant et le fromage fondu, sortez les croques du four, écrasez-les légèrement pour mélanger la garniture à l'intérieur. Laissez tiédir avant de déguster.

Le choix d'un bon pain est important pour obtenir un croque savoureux. Si vous ne trouvez pas de muffins, utilisez des tranches de pain de mie ou de pain de campagne.

Croques gorgonzola, viande des Grisons et olives

PRÉPARATION : 10 MIN

CUISSON : 8 À 10 MIN

POUR 4 PERSONNES

> 100 g d'olives noires marinées à la grecque, dénoyautées
> 4 muffins anglais
> 4 tranches de viande des Grisons
> 200 g de gorgonzola
> 1 cuill. à café d'herbes de Provence séchées
> sel et poivre du moulin

Préchauffez le four à 180 °C (therm. 6).

Concassez grossièrement les olives avec un grand couteau.

Ouvrez les muffins en deux. Déposez une tranche de viande des Grisons sur chaque demi-muffin. Ajoutez 50 g de gorgonzola (1/4 du morceau) et les olives concassées. Saupoudrez d'herbes de Provence, salez, poivrez et refermez les muffins avec les moitiés restantes. Disposez les croques dans un plat à gratin.

Enfournez le plat de 8 à 10 minutes. Quand le pain commence à dorer, écrasez légèrement les croques pour répartir le fromage fondu à l'intérieur.

Découpez les muffins en deux et dégustez-les bien chauds avec une salade de Trévise et d'oignons rouges assaisonnée d'huile d'olive.

Si vous ne possédez pas de machine à croque-monsieur, faites cuire les croques au four, à 180 °C pendant 5 bonnes minutes, le temps que le pain soit bien grillé.

Croques champignons, bacon et estragon

PRÉPARATION : 25 MIN

CUISSON : 20 MIN

POUR 4 PERSONNES

> 4 branches d'estragon
> 300 g de champignons de Paris
> 8 très fines tranches de bacon
> 1 cuill. à soupe d'huile
> 150 g de fromage râpé
> 10 cl de crème liquide
> 50 g de beurre mou
> 8 tranches de pain de mie

Lavez et effeuillez les branches d'estragon. Lavez et émincez les champignons de Paris. Saisissez les tranches de bacon dans une grande poêle antiadhésive, sans matière grasse, et laissez-les dorer plusieurs minutes, jusqu'à ce qu'elles deviennent croustillantes. Retirez le bacon de la poêle, ajoutez l'huile, et saisissez les champignons émincés. Laissez cuire pendant 10 minutes, en remuant de temps en temps.

Mélangez le fromage râpé à la crème liquide. Beurrez légèrement les tranches de pain de mie d'un seul côté. Déposez 4 tranches de pain de mie sur une assiette (le côté beurré vers l'assiette). Répartissez le bacon, les champignons et le fromage râpé à la crème dessus. Refermez les croques avec une deuxième tranche de pain, côté beurré vers l'extérieur.

Chauffez la machine à croque-monsieur. Déposez les croques deux par deux dedans, fermez la machine, et faites-les cuire pendant 5 minutes. Lorsque ces croques sont bien dorés, recommencez l'opération avec les deux autres.

Dégustez les croques bien chauds et croustillants accompagnés d'une salade verte.

Des tranches de magret fumé, à la place du confit de canard, conviendraient également très bien dans ces croques.

Croques confit de canard et pomme verte

PRÉPARATION : 20 MIN

CUISSON : 45 MIN

POUR 4 PERSONNES

> 3 cuisses de canard confit (en conserve ou surgelées)
> 2 pommes vertes
> 200 g de fromage râpé
> 10 cl de crème liquide
> 50 g de beurre mou
> 1 cuill. à soupe de moutarde forte de Dijon
> 2 cuill. à soupe de vinaigre balsamique
> 8 tranches de pain Poilâne
> sel et poivre du moulin

Préchauffez le four à 180 °C (therm. 6). Disposez les cuisses de canard dans un plat et enfournez-les pour 30 minutes.

Équeutez les pommes, videz-les, tout en gardant la peau, puis découpez-les en fines tranches régulières. Mélangez le fromage râpé avec la crème liquide. Mélangez le beurre mou avec la moutarde de Dijon.

Lorsque les cuisses de canard sont chaudes et croustillantes, décortiquez-les et hachez la chair et la peau ensemble (laissez chauffer le four). Mélangez la chair de canard avec le vinaigre balsamique et le fromage à la crème, salez et poivrez.

Déposez 4 tranches de pain Poilâne sur le plan de travail. Tartinez-les de beurre à la moutarde. Répartissez les lamelles de pomme et la chair de canard sur les tranches beurrées. Tartinez de beurre à la moutarde les 4 autres tranches et refermez les sandwichs, en pressant légèrement. Enfournez les croques sur une grande plaque pendant 15 minutes. Lorsque le pain est bien doré et que l'intérieur est moelleux et fondu, sortez les croques du four et découpez-les en deux. Dégustez-les bien chauds accompagnés d'une salade frisée aux lardons.

Vous aimez les associations au goût sucré-salé ? Ajoutez dans ce croque créole quelques tranches de banane pas trop mûre, c'est un vrai régal.

Croques créoles, jambon, ananas et curry

PRÉPARATION : 25 MIN
CUISSON : 5 MIN

POUR 4 PERSONNES

> 50 g de beurre mou
> 1 cuill. à soupe de curry + 1 pincée pour saupoudrer
> 4 bagels nature (ou 8 tranches de pain de mie)
> 150 g de fromage râpé
> 10 cl de crème liquide
> 2 tranches de jambon de Paris cuit au torchon
> 4 rondelles d'ananas au sirop
> sel et poivre du moulin

Mélangez le beurre avec le curry. Ouvrez les bagels, et tartinez chaque demi-bagel de beurre au curry. Mélangez le fromage râpé et la crème.

Déposez 4 tranches de bagel sur une grande assiette. Répartissez dessus les tranches de jambon coupées en deux, les rondelles d'ananas et le fromage râpé à la crème. Salez et poivrez. Refermez les croques avec la deuxième moitié des bagels et écrasez-les légèrement pour tasser l'ensemble.

Mettez les croques à cuire pendant 5 minutes dans une machine à croque-monsieur. Quand ils sont bien dorés, saupoudrez-les de curry et dégustez-les bien chauds.

Variante : Faites cuire les croques au four pendant 10 minutes à 180 °C (therm. 6).

Si ce n'est pas la saison des asperges, pensez à utiliser des asperges en conserve ou surgelées. Un croque-légumes très savoureux !

Croques chèvre, asperges et tomates séchées

PRÉPARATION : 35 MIN

CUISSON : 15 À 20 MIN

POUR 4 PERSONNES

> 400 g de fromage râpé
> 40 cl de crème liquide
> 2 crottins de Chavignol
> 40 petites pointes d'asperges vertes (ou 20 pointes d'asperges vertes plus grosses)
> 12 tomates séchées à l'huile
> 8 tranches de pain de mie
> 4 cuill à soupe d'huile d'olive
> sel

Préchauffez le four à 180 °C (therm. 6). Mélangez le fromage râpé avec la crème liquide. Hachez grossièrement les crottins de Chavignol. Mettez les pointes d'asperges à cuire quelques minutes dans une casserole d'eau bouillante salée. Égouttez-les (elles doivent être légèrement croquantes), rafraîchissez-les sous l'eau froide puis épongez-les. Taillez les tomates séchées en morceaux.

Déposez 4 tranches de pain de mie dans un grand plat à four. Répartissez la moitié du fromage râpé à la crème sur chaque tranche de pain, répartissez équitablement les pointes d'asperge, le crottin en morceaux et les tomates séchées. Arrosez d'huile d'olive et recouvrez d'une tranche de pain de mie, tassez et étalez le reste du fromage râpé à la crème sur le dessus des croque-monsieur.

Enfournez de 15 à 20 minutes. Lorsque les croques sont bien dorés sur le dessus et moelleux à l'intérieur, sortez-les du four et dégustez-les bien chauds accompagnés d'une salade verte.

Ces mini-croques au thon très simples à réaliser seront parfaits pour un apéritif improvisé !

Mini-croques thon et œufs de caille

PRÉPARATION : 25 MIN

CUISSON : 25 MIN

POUR 4 PERSONNES

> 300 g de fromage râpé
> 20 cl de crème liquide
> 8 tranches de pain de mie complet
> 400 g de thon au naturel en conserve
> 4 cuill. à soupe d'huile
> 50 g de beurre
> 16 œufs de caille
> sel et poivre du moulin

Préchauffez le four à 180 °C (therm. 6).

Mélangez le fromage râpé avec la crème liquide.Déposez 4 tranches de pain de mie dans un grand plat à four. Répartissez la moitié du fromage râpé à la crème sur chaque tranche de pain. Ajoutez une couche de thon émietté, recouvrez d'une autre tranche de pain de mie pour former les croques. Tassez puis étalez le reste du fromage râpé à la crème dessus.

Enfournez pour 15 à 20 minutes. Lorsque les croques sont bien dorés sur le dessus et moelleux à l'intérieur, sortez-les du four et gardez-les au chaud.

Faites chauffer l'huile et le beurre dans une grande poêle. Cassez délicatement 8 œufs de caille et laissez-les cuire (pour simplifier l'opération, cassez-les d'abord dans un verre avant de les verser dans la poêle). Renouvelez l'opération avec les 8 œufs restants.

Découpez les croques en quatre, déposez sur chacun un œuf de caille à la poêle, salez et poivrez.

Si vous aimez les croques
très fondants et moelleux,
ajoutez une tranche de mozzarella.

Croques saumon fumé et fromage frais à la menthe

PRÉPARATION : 15 MIN
CUISSON : 6 À 8 MIN

POUR 4 PERSONNES

> 4 branches de menthe fraîche
> 1 oignon rouge
> 4 grandes tranches de saumon fumé
> 8 portions de fromage frais (de type Kiri, St Môret, Carré frais Gervais...)
> 4 cuill. à soupe d'huile d'olive + 2 pour la cuisson
> 8 tranches de pain de mie complet
> 2 citrons verts
> sel et poivre du moulin

Préchauffez le four à 180 °C (therm. 6).

Lavez la menthe fraîche, effeuillez-la et hachez-la. Épluchez l'oignon rouge puis hachez-le. Découpez les tranches de saumon en trois.

Mélangez le fromage frais avec l'oignon haché, la menthe fraîche et l'huile d'olive, salez et poivrez.

Étalez 4 tranches de pain dans un grand plat à four. Badigeonnez-les d'une bonne couche de fromage frais. Ajoutez les morceaux de saumon fumé, recouvrez avec une nouvelle tranche de pain. Badigeonnez d'huile d'olive.

Enfournez les croques de 6 à 8 minutes. Quand les croques sont bien dorés, sortez-les du four, découpez-les en deux, puis arrosez-les de jus de citron. Dégustez-les bien chauds accompagnés d'une salade de roquette.

Voici un croque original, que vous allez adorer. À la place des crevettes, choisissez, selon vos envies, du surimi ou de la chair de crabe.

Croques crevettes, mozzarella, curry et coriandre

PRÉPARATION : 25 MIN

CUISSON : 10 MIN

POUR 4 PERSONNES

> 1 botte de coriandre fraîche
> 24 crevettes roses
> 100 g de fromage râpé
> 5 cl de crème liquide
> 2 cuill. à soupe de curry
> 1 boule de mozzarella
> 4 petits pains au lait (ou pains à hot dogs, ou pains à paninis)
> sel et poivre du moulin

Préchauffez le four à 180 °C (therm. 6).

Lavez la coriandre fraîche, effeuillez-la et hachez-la. Décortiquez les crevettes roses. Mélangez le fromage râpé avec la crème liquide, ajoutez la coriandre hachée et le curry, salez et poivrez. Taillez la mozzarella en six tranches fines.

Ouvrez les petits pains en deux, garnissez-les avec le mélange de fromage râpé à la crème. Ajoutez 6 crevettes et 2 tranches de mozzarella par croque. Fermez les croques en pressant légèrement. Disposez-les dans un plat à four.

Enfournez les croques pour 10 minutes. Lorque les croques sont dorés à l'extérieur et moelleux à l'intérieur, sortez-les du four et dégustez-les bien chauds avec une salade de pousses de soja.

Quand ce n'est pas la saison du basilic, une bonne solution consiste à en acheter du surgelé...

Tartines tomates cerises, mozzarella et basilic

PRÉPARATION : 10 MIN

CUISSON : 10 MIN

POUR 4 PERSONNES

- > 2 boules de mozzarella ou 40 mini-boules de mozzarella
- > 24 tomates cerises
- > 1/2 botte de basilic frais
- > 4 tranches de pain Poilâne
- > 4 cuill. à soupe d'huile d'olive
- > sel et poivre du moulin

Préchauffez le four à 180 °C (therm. 6).

Découpez chaque boule de mozzarella en quatre tranches épaisses, sauf si vous utilisez des mini-mozzarellas. Lavez les tomates cerises, équeutez-les puis taillez-les en deux. Lavez le basilic frais, effeuillez-le et hachez-le grossièrement.

Posez 2 tranches de mozzarella par tranche de pain, parsemez de basilic haché, ajoutez les demi-tomates cerises. Salez, poivrez et arrosez d'huile d'olive.

Enfournez les tartines sur une plaque de cuisson pendant 10 minutes. Quand le fromage est fondu et légèrement croustillant, sortez les tartines du four et dégustez-les chaudes avec une salade.

Vous pouvez également réaliser cette recette avec des tranches de pain de campagne.

Tartines figues et fourme d'Ambert

PRÉPARATION : 15 MIN

CUISSON :10 MIN

POUR 4 PERSONNES

> 2 ficelles pas trop cuites
> 12 figues rouges bien mûres
> 1 cuill. à soupe de confiture de figues
> 1 cuill. à soupe de vinaigre balsamique
> 400 g de fourme d'Ambert
> poivre du moulin

Préchauffez le four à 180 °C (therm. 6).

Découpez les ficelles en deux dans la longueur. Lavez les figues, puis découpez-les en deux.

Posez les tartines sur une grande plaque. Tartinez de confiture les demi-ficelles. Assaisonnez de vinaigre balsamique. Découpez la fourme d'Ambert en petites tranches et répartissez celles-ci équitablement sur les tartines.

Enfournez les tartines pour 10 minutes. Le fromage doit être fondu et légèrement doré. Poivrez et dégustez les tartines bien chaudes accompagnées d'un mesclun.

Le secret de la réussite de cette recette réside dans la finesse des tranches de courgette, qui permet d'obtenir une tartine croquante et fondante à la fois.

Tartines chèvre, courgette et menthe

PRÉPARATION : 20 MIN
CUISSON : 10 À 12 MIN

POUR 4 PERSONNES

> 1 botte de menthe fraîche
> 8 cuill. à soupe d'huile d'olive
> 1 petite courgette
> 2 fromages de chèvre sainte-maure (pas trop faits)
> 1 baguette
> 1/2 cuill. à soupe de fleur de thym séché
> sel et poivre du moulin

Préchauffez le four à 200 °C (therm. 6-7).

Lavez la menthe, effeuillez-la et hachez-la grossièrement. Mélangez-la à la moitié de l'huile d'olive et réservez à température ambiante.

Lavez la courgette puis découpez-la en très fines rondelles à l'aide d'un grand couteau bien aiguisé. Découpez les fromages de chèvre en rondelles.

Taillez la baguette en quatre, puis découpez les morceaux dans la longueur pour obtenir des longues tranches. Salez et poivrez les tartines de pain, disposez les rondelles de courgette et les tranches de fromage de chèvre sur toute la surface du pain. Salez et poivrez, saupoudrez de thym séché, arrosez avec le reste d'huile d'olive.

Disposez les tartines sur une plaque de four et enfournez pour 10 minutes. Lorsque le fromage est fondu et légèrement coloré et que les courgettes sont croquantes, sortez les tartines du four. Répartissez la menthe hachée par-dessus et dégustez-les bien chaudes avec une salade verte.

Quoi de plus simple que ces délicieuses tartines ? Pour un repas rapide et équilibré, servez-les avec une salade verte.

Tartines veau, mozzarella, jambon cru et sauge

PRÉPARATION : 20 MIN

CUISSON : 20 MIN

POUR 4 PERSONNES

> 2 escalopes de veau
> 1 petite botte de sauge fraîche
> 2 boules de mozzarella
> 2 tranches de jambon cru
> 4 tranches épaisses de pain de seigle
> 4 cuill. à soupe d'huile d'olive
> sel et poivre du moulin

Préchauffez le four à 180 °C (therm. 6).

Découpez les escalopes de veau en petits morceaux. Effeuillez la sauge et hachez-la. Taillez les boules de mozzarella en quatre.

Posez une tranche de jambon cru sur chaque tartine, ajoutez 2 tranches de mozzarella, recouvrez de morceaux de veau, saupoudrez de sauge hachée. Salez, poivrez, et arrosez d'huile d'olive.

Enfournez les tartines dans un grand plat à gratin pendant 20 minutes. Dégustez-les bien chaudes avec une salade verte.

Variante : Réalisez cette recette avec des blancs de poulet à la place des escalopes de veau.

Pour une note plus méditerranéenne, remplacez les poivrons par des tranches de tomate et de la tapenade.

Tartines chorizo, fondue de poivrons et parmesan

PRÉPARATION : 25 MIN

CUISSON : 10 MIN
+ 15 MIN POUR LES POIVRONS

POUR 4 PERSONNES

> 3 gros oignons rouges
> 4 gousses d'ail rose
> 2 poivrons jaunes
> 2 poivrons verts
> 2 poivrons rouges
> 8 cuill. à soupe d'huile d'olive
> 80 g de parmesan en morceaux
> 12 tranches de pain de campagne de taille moyenne
> 12 grandes tranches fines de chorizo
> 2 cuill. à soupe d'herbes de Provence séchées
> sel et poivre du moulin

Préchauffez le four à 180°C (therm. 6).

Épluchez et émincez les oignons rouges et les gousses d'ail. Équeutez les poivrons, ouvrez-les en deux pour enlever les graines, puis émincez-les.

Chauffez la moitié de l'huile d'olive dans une petite poêle. Saisissez les oignons et les poivrons dans l'huile fumante. Ajoutez l'ail haché, salez, poivrez, mélangez et laissez cuire 15 minutes à feu doux en remuant de temps en temps.

Découpez le parmesan en fins copeaux. Déposez les tranches de pain sur une grande plaque de cuisson, badigeonnez-les d'huile d'olive, salez et poivrez. Posez une tranche de chorizo sur chacune et recouvrez-les de la fondue de poivrons et de copeaux de parmesan. Parsemez d'herbes de Provence.

Enfournez les tartines pour 10 minutes. Lorsque le parmesan est bien fondu et le pain croustillant, dégustez les tartines bien chaudes sur une salade en entrée, ou en accompagnement d'un gaspacho.

Proposez ces mini-tartines aux merguez lors d'un apéritif autour d'un verre de vin blanc fruité et frais.

Mini-tartines merguez, abricots secs et roquette

PRÉPARATION : 15 MIN

CUISSON : 15 MIN

POUR 4 À 6 PERSONNES

> 15 abricots secs
> 4 citrons confits
> 1 branche de romarin frais
> 8 merguez
> 2 cuill. à soupe d'huile d'olive
> 30 petites tranches de baguette de campagne

Préchauffez le four à 180 °C (therm. 6).

Hachez les abricots secs. Détachez la peau des citrons confits et hachez-la. Effeuillez la branche de romarin et hachez celui-ci finement. Ouvrez les merguez, retirez la chair et mélangez-la dans un saladier avec les abricots secs hachés, le romarin, l'huile d'olive et la peau des citrons confits. Mélangez bien.

Disposez les petites tranches de baguette sur une plaque de four, répartissez par-dessus la farce à la merguez. Enfournez pour 10 minutes. Quand le pain est bien doré et que la farce est cuite, laissez tiédir et servez les mini-tartines à l'apéritif.

Une tartiflette version tartine, ça vous tente ? Vous pouvez tout à fait remplacer le reblochon par du fromage à raclette, de la tomme ou du vacherin : effet « montagne » garanti.

Tartines reblochon, oignons et lardons

PRÉPARATION : 10 MIN

CUISSON : 20 MIN

POUR 4 PERSONNES

> 3 gros oignons
> 4 tranches épaisses de lard fumé
> 1 reblochon
> 60 g de beurre
> 1 cuill. à soupe d'huile de tournesol
> 4 tranches de pain Poilâne
> sel et poivre du moulin

Préchauffez le four à 170 °C (therm. 5-6).

Épluchez les gros oignons et émincez-les. Retirez les parties croquantes du lard, ainsi que la peau, puis découpez les tranches en lardons. Grattez légèrement la peau du reblochon avec la pointe d'un couteau et découpez-le en tranches.

Faites fondre le beurre et l'huile dans une grande poêle. Saisissez les oignons émincés et les lardons dans la poêle chaude. Laissez roussir 5 ou 6 minutes en remuant.

Répartissez le fromage sur les tranches de pain posées sur une plaque de cuisson. Recouvrez chaque tartine d'une couche de fondue d'oignons aux lardons. Salez et poivrez.

Enfournez les tartines pour 10 à 15 minutes. Quand le reblochon est fondu et commence à bien dorer, sortez les tartines du four. Servez-les bien chaudes accompagnées d'une salade de pousses d'épinards ou de cœur de laitue.

Dégustez cette recette à l'apéritif avec un vin liquoreux bien frais.

Mini-tartines au magret fumé, poires et roquefort

PRÉPARATION : 20 MIN

CUISSON : 8 MIN

POUR 6 À 8 PERSONNES

> 4 poires pas trop mûres
> 250 g de roquefort
> 200 g de magret de canard fumé, en tranches
> 24 mini-tranches de pain de mie (pour des toasts à cocktail)
> 3 cuill. à soupe d'huile de noix
> poivre du moulin

Préchauffez le four à 180 °C (therm. 6).

Épluchez les poires, évidez-les puis taillez-les en fines lamelles. Découpez le roquefort en petits morceaux. Retirez le gras des tranches de magret de canard fumé.

Disposez les mini-tranches de pain de mie sur une plaque de cuisson. Répartissez le magret dessus (environ 3 tranches par canapé), puis ajoutez les lamelles de poire et les morceaux de roquefort.

Enfournez les toasts pour 6 à 8 minutes. Lorsque le roquefort est fondu et qu'il commence à gratiner, sortez les canapés du four, arrosez-les d'un filet d'huile de noix, poivrez et servez.

Cette association de saveurs sera tout aussi délicieuse si vous utilisez des tranches de brioche comme tartines.

Tartines deux saumons, fromage frais, baies roses et cumin

PRÉPARATION : 25 MIN

CUISSON : 10 MIN

POUR 4 PERSONNES

> 4 tranches de saumon fumé
> 2 pavés de saumon
> 4 grandes tranches de pain Poilâne
> 8 portions de fromage frais (de type Kiri, St Môret, Carré frais Gervais)
> 4 cuill. à soupe d'huile d'olive
> 1 cuill. à soupe de cumin en poudre
> 2 cuill. à café de baies roses
> le jus de 1 citron
> sel et poivre du moulin

Préchauffez le four à 180 °C (therm. 6).

Découpez les tranches de saumon fumé en deux et les pavés de saumon frais en fins morceaux.

Disposez les tranches de pain sur une plaque de cuisson. Badigeonnez-les d'une couche de fromage frais, puis découpez-les en deux. Posez un morceau de saumon fumé et quelques tranches de saumon frais sur chaque tartine, salez, poivrez, arrosez d'huile d'olive et parsemez de cumin et de baies roses.

Enfournez les tartines pour 8 à 10 minutes. Quand le poisson est cuit, arrosez avec le jus du citron et dégustez bien chaud, avec un bon verre de vin blanc frais par exemple.

Envie d'un casse-croûte très chic ? Préparez ces mini-tartines ! Et pour pousser plus loin le luxe, offrez-vous un verre de vin blanc frais ou une coupe de champagne.

Mini-tartines daurade à l'orange, purée d'olives et thym frais

PRÉPARATION : 30 MIN

CUISSON : 6 À 8 MIN

POUR 6 À 8 PERSONNES

> 1/2 baguette de campagne
> 4 filets de daurade grise
> 3 grosses oranges
> 1/2 botte de thym frais
> 6 cuill. à soupe d'huile d'olive
> 80 g de tapenade
> sel et poivre du moulin

Allumez le gril du four.

Découpez la demi-baguette dans la longueur, puis détaillez-la en petits croûtons d'environ 3 cm de long. Taillez les filets de daurade en morceaux de 3 cm de long. Pelez les oranges à vif et détachez délicatement les segments à l'aide d'un couteau bien aiguisé, en prenant soin de bien retirer les membranes blanches. Effeuillez le thym frais.

Déposez les croûtons dans un grand plat à gratin. Arrosez-les d'un peu d'huile d'olive et faites-les dorer quelques minutes sous le gril du four. Tartinez-les ensuite de tapenade.

Préchauffez le four à 180 °C (therm. 6). Posez un morceau de daurade et un morceau d'orange sur chaque croûton, fixez l'ensemble avec une pique en bois. Salez, poivrez et saupoudrez de thym. Enfournez de nouveau les croûtons pour 5 ou 6 minutes pour cuire le poisson. Dégustez les tartines bien chaudes à l'apéritif.

Si vos blancs de poulet ne sont pas déjà cuits, faites-les cuire à la vapeur ou dans de l'eau bouillante.

Paninis poulet au pesto, roquette et mozzarella

PRÉPARATION : 10 MIN
CUISSON : 6 À 8 MIN

POUR 4 PERSONNES

> 12 tomates cerises
> 30 g de roquette
> 4 boules de mozzarella
> 2 blancs de poulet cuits
> 4 pains à paninis
> 2 cuill. à soupe de pesto
> 4 cuill. à soupe d'huile d'olive
> sel et poivre du moulin

Préchauffez la machine à paninis.

Lavez les tomates cerises, équeutez-les puis découpez-les en tranches épaisses. Lavez la roquette et hachez-la grossièrement. Taillez chaque boule de mozzarella en six tranches. Émincez les blancs de poulet.

Ouvrez les pains à paninis. Badigeonnez l'intérieur de pesto et répartissez-y les rondelles de tomate et de mozzarella. Ajoutez le poulet émincé et la roquette. Salez, poivrez et assaisonnez d'huile d'olive. Refermez les paninis.

Mettez les paninis à chauffer de 6 à 8 minutes, en les pressant dans la machine. Lorsque le pain est doré et croustillant et le fromage fondu, retirez les paninis et dégustez-les bien chauds.

Variante : Si vous n'avez pas de machine à paninis, faites-les cuire au four pendant 15 minutes.

Dégustez ces burgers avec la sauce tandoori de la recette, ou plus simplement, si vous voulez gagner du temps ou que vous n'aimez pas les sauces épicées, avec du ketchup.

Mini-burgers poulet et bacon

PRÉPARATION : 25 MIN

CUISSON : 15 MIN

POUR 4 PERSONNES

> 2 citrons bio
> 4 branches de basilic
> 4 blancs de poulet
> 1 boule de mozzarella
> 1 sachet de parmesan en poudre
> 4 petites tomates
> 4 cuill. à soupe d'huile d'olive
> 8 tranches de bacon
> 8 petits pains individuels (ou 8 petits pains italiens « ciabattina », ou 8 petits pains de campagne)
> sel et poivre du moulin

Pour la sauce tandoori

> 2 yaourts nature
> 1 cuill. à café de coriandre en poudre
> 1 cuill. à café de garam masala
> 1 cuill. à café de curcuma en poudre
> 1 cuill. à café de gingembre en poudre
> 1 cuill. à café de paprika en poudre
> 2 cuill. à café d'huile d'olive
> 1/4 cuill. à café de sel fin

La veille, mettez les citrons à durcir au congélateur.

Le jour même, préchauffez le four à 200 °C (therm. 6-7). Lavez le basilic, effeuillez-le et hachez-le. Découpez les blancs de poulet en cubes, puis hachez-les dans un robot. Râpez les zestes des citrons. Taillez la mozzarella en huit tranches. Mélangez avec les mains la chair de poulet avec le parmesan, les zestes de citron et le basilic. Salez et poivrez. Moulez huit petits « steaks » réguliers.

Préparez la sauce tandoori : mélangez tous les ingrédients et réservez au frais.

Coupez les tomates en deux. Chauffez l'huile d'olive dans une grande poêle. Saisissez les tranches de bacon pendant 2 minutes dans l'huile chaude, puis égouttez-les bien. Saisissez les « steaks » dans la poêle chaude. Laissez cuire 2 minutes de chaque côté et arrêtez le feu.

Garnissez chaque petit pain d'une tranche de bacon croustillante, d'une demi-tomate, d'une tranche de mozzarella et d'un « steak » de poulet. Enfournez pour 10 minutes et dégustez bien chaud avec la sauce tandoori.

Pour cette recette végétarienne, vous pouvez préparer les légumes la veille ou utiliser des légumes grillés surgelés.

Paninis légumes grillés et mozzarella fondante

PRÉPARATION : 15 MIN

CUISSON : 10 MIN
+ 30 MIN POUR LES LÉGUMES

POUR 4 PERSONNES

> 3 poivrons
> 2 courgettes
> 2 aubergines
> 6 cuill. à soupe d'huile d'olive
> 3 branches de basilic
> 3 boules de mozzarella
> 4 pains à paninis
> 2 cuill. à soupe d'herbes de Provence séchées
> sel et poivre du moulin

Préchauffez le four à 170 °C (therm. 5-6). Lavez les poivrons, les courgettes et les aubergines et taillez-les tous en tranches fines. Étalez les légumes dans deux grands plats à gratin, salez et poivrez, puis arrosez d'huile d'olive. Enfournez les légumes pendant 30 minutes. Laissez-les colorer en les surveillant bien pour qu'ils ne brûlent pas. Gardez l'huile de cuisson.

Préchauffez la machine à paninis. Lavez le basilic, effeuillez-le et hachez-le. Coupez chaque boule de mozzarella en six tranches.

Ouvrez les pains sur toute la longueur sans les détacher, arrosez l'intérieur avec un peu d'huile de cuisson des légumes. Répartissez les légumes et la mozzarella dans les paninis. Salez et poivrez puis ajoutez le basilic et un filet d'huile d'olive. Fermez en pressant légèrement.

Faites cuire les paninis de 6 à 8 minutes dans la machine à paninis (ou au four pendant 10 minutes à 170 °C). Lorsque le pain est doré et que la mozzarella est fondue, servez les paninis bien chauds.

Pour les amateurs de kebabs, en voilà une version revisitée, à faire chez soi. Lancez-vous dans cette recette simplissime, vous serez surpris du résultat !

Pitas agneau et crème d'avocat

PRÉPARATION : 25 MIN

CUISSON : 10 MIN

POUR 4 PERSONNES

> 8 côtelettes d'agneau désossées et dégraissées, ou 4 tranches de gigot dégraissé
> 1 botte de coriandre fraîche
> 1 gros oignon blanc
> 3 gousses d'ail
> 4 cuill. à soupe d'huile d'olive
> 1 cuill. à soupe de curry en poudre
> 4 pains pitas
> 150 g de guacamole
> sel et poivre de moulin

Découpez l'agneau en petits morceaux. Lavez la coriandre et hachez-la. Épluchez l'oignon blanc et émincez-le. Épluchez l'ail et hachez-le.

Faites chauffer l'huile d'olive dans une grande poêle. Saisissez l'oignon et l'ail dans l'huile chaude. Laissez roussir quelques minutes puis ajoutez les morceaux de viande. Laissez colorer et cuire de 4 à 6 minutes à feu vif. Arrêtez le feu, salez, poivrez, ajoutez le curry et mélangez.

Chauffez les pains pitas pendant 30 secondes au four à micro-ondes. Ouvrez-les en deux, garnissez-les de guacamole, de coriandre hachée, de viande et d'oignons. Dégustez bien chaud avant que les pitas ne durcissent.

Dans cette recette, la moutarde est facultative. Vous pouvez également assaisonner les hot dogs avec du ketchup.

Hot dogs gratinés à la française

PRÉPARATION : 5 MIN

CUISSON : 25 MIN

POUR 4 PERSONNES

> 300 g de fromage râpé
> 20 cl de crème liquide
> 3 pincées de noix de muscade en poudre
> 4 petites baguettes individuelles
> 2 cuill. à soupe de moutarde forte de Dijon
> 4 saucisses de Strasbourg
> sel et poivre du moulin

Préchauffez votre four à 180 °C (therm. 6).

Mélangez le fromage râpé avec la crème liquide. Assaisonnez de sel, de poivre et de noix de muscade.

Ouvrez les petites baguettes sur le dessus, sans les séparer totalement, badigeonnez l'intérieur de moutarde. Placez-les dans un grand plat à gratin, glissez une saucisse dans chaque baguette et répartissez le fromage à la crème équitablement.

Enfournez pour 25 minutes. Sortez les hot dogs du four lorsqu'ils sont bien gratinés et dégustez-les bien chauds avec une salade verte.

Vous pouvez remplacer la mimolette par du cheddar ou même du roquefort.

Cheeseburgers mimolette vieille, oignons et coppa

PRÉPARATION : 35 MIN
CUISSON : 10 MIN

POUR 4 PERSONNES

- > 2 petites salades rougette
- > 150 g de mimolette vieille
- > 700 g de bœuf haché
- > 2 gros oignons
- > 10 cl d'huile de friture
- > 100 g de farine
- > 4 tranches de coppa
- > 4 cuill. à soupe d'huile d'olive + 3 cuill. à soupe pour la salade
- > 4 pains à hamburgers aux graines de sésame
- > 2 cuill. à soupe de sauce soja
- > sel et poivre du moulin

Lavez la salade puis essorez-la. Hachez la mimolette et mélangez-la avec la viande hachée. Salez, poivrez et moulez quatre gros steaks.

Épluchez les gros oignons et émincez-les. Faites chauffer l'huile de friture dans une poêle, farinez les oignons et faites-les frire quelques minutes dans l'huile bouillante. Lorsque les oignons sont bien dorés, égouttez-les et gardez-les au chaud.

Faites chauffer l'huile d'olive dans une autre poêle et laissez dorer les tranches de coppa dedans pendant 1 minute, puis égouttez-les. Saisissez les steaks dans l'huile chaude pendant 3 minutes de chaque côté pour les garder saignants (ou pendant 5 minutes, si vous les préférez plus cuits).

Toastez les pains à hamburgers et assaisonnez la salade avec les 3 cuillerées d'huile d'olive et la sauce soja. Étalez les demi-pains sur le plan de travail, recouvrez-les de salade en tassant, posez sur chacun un steak bien chaud, répartissez les oignons frits dessus, puis refermez avec la partie supérieure des pains chauds. Tassez légèrement et dégustez immédiatement.

Il est aussi possible de confectionner ce savoureux sandwich chaud avec du pain à hamburger ou avec de la baguette pas trop cuite.

Paninis chorizo et artichaut

PRÉPARATION : 15 MIN
CUISSON : 6 À 8 MIN

POUR 4 PERSONNES
- > 3 boules de mozzarella
- > 12 tranches de chorizo
- > 8 petits fonds d'artichauts en conserve
- > 4 pains à paninis
- > 4 cuill. à soupe d'huile d'olive
- > sel et poivre du moulin

Préchauffez la machine à paninis.

Découpez chaque boule de mozzarella en 4 tranches. Retirez la peau des tranches de chorizo. Émincez grossièrement les fonds d'artichauts.

Ouvrez les pains à paninis, assaisonnez l'intérieur avec 1 cuillerée d'huile d'olive chacun. Glissez dans chaque pain 3 tranches de mozzarella, 2 petits fonds d'artichauts émincés et 3 tranches de chorizo. Salez et poivrez l'intérieur.

Mettez les paninis à dorer dans la machine de 6 à 8 minutes. Lorsque le pain est doré et que la mozzarella est moelleuse, sortez les paninis et servez-les bien chauds.

Variante : Faites cuire les paninis au four à 200 °C (therm. 6-7) pendant 10 minutes.

Aux États-Unis, vous pouvez assaisonner votre hot dog avec de la choucroute, comme dans cette recette, mais aussi avec de la sauce bolognaise ou du chili con carne.

Hot dog « original »

PRÉPARATION : 5 MIN

CUISSON : 10 MIN

POUR 4 PERSONNES

> 4 saucisses de Francfort
> 4 pains à hot dogs
> 1 cuill. à soupe de moutarde de Dijon
> 400 g de choucroute cuite

Piquez les saucisses de Francfort avec une fourchette et faites-les cuire 5 ou 6 minutes dans une casserole d'eau bouillante. Réchauffez la choucroute au micro-ondes.

Allumez le gril du four. Ouvrez les pains à hot dogs sans les détacher complètement. Toastez-les quelques minutes sous le gril du four.

Tartinez l'intérieur avec de la moutarde (ou avec du ketchup), ajoutez les saucisses, la choucroute et dégustez immédiatement.

Si vous n'avez pas trouvé de bagels, prenez tout simplement du pain de mie pour réaliser cette recette saine et savoureuse.

Bagels saumon fumé et pomme

PRÉPARATION : 10 MIN

CUISSON : 10 MIN

POUR 4 PERSONNES

> 1 pomme verte
> 4 bagels
> 4 portions de fromage frais (type Kiri)
> 4 tranches de saumon fumé
> sel et poivre du moulin

Préchauffez le four à 180 °C (therm. 6).

Lavez la pomme verte, videz-la et découpez-la en tranches très fines. Coupez les bagels en deux dans l'épaisseur. Tartinez les demi-bagels de fromage frais, puis garnissez-les avec les tranches de saumon fumé et celles de pomme verte. Salez, poivrez, puis déposez les bagels dans un grand plat à gratin.

Enfournez les bagels pour 10 minutes. Lorsque le pain est légèrement doré, sortez les bagels du four et dégustez-les immédiatement avec une salade de pousses d'épinards.

TABLE DES ÉQUIVALENCES FRANCE-CANADA

POIDS

55 g	2 onces	200 g	7 onces	500 g	17 onces
100 g	3 onces	250 g	9 onces	750 g	26 onces
150 g	5 onces	300 g	10 onces	1 kg	35 onces

Ces équivalences permettent de calculer le poids à quelques grammes près (en réalité, 1 once = 28 g).

CAPACITÉS

25 cl	1 tasse	75 cl	3 tasses
50 cl	2 tasses	1 l	4 tasses

Pour faciliter la mesure des capacités, une tasse équivaut ici à 25 cl (en réalité, 1 tasse = 8 onces = 23 cl).

Direction éditoriale Delphine Blétry
Édition Julie Tallet, avec la collaboration de Mathilde Piton
Direction artistique Emmanuel Chaspoul
Mise en page Sylvie Sénéchal
Lecture-correction Joëlle Narjollet
Couverture Véronique Laporte
Fabrication Annie Botrel

ISBN 978-2-03-585190-1

Photogravure Turquoise, Émerainville
Imprimé en Espagne par Graficas Estella, Estella
Dépôt légal : mars 2011
304602/01 – 11011099 février 2011